BEI GRIN MACHT SICH IHR
WISSEN BEZAHLT

AF154628

- Wir veröffentlichen Ihre Hausarbeit,
  Bachelor- und Masterarbeit

- Ihr eigenes eBook und Buch -
  weltweit in allen wichtigen Shops

- Verdienen Sie an jedem Verkauf

Jetzt bei www.GRIN.com hochladen
und kostenlos publizieren

Daniel Heißenstein

Das Verhältnis von Medien und Politik am Beispiel der Bild Zeitung

GRIN Verlag

Bibliografische Information der Deutschen Nationalbibliothek:

Die Deutsche Bibliothek verzeichnet diese Publikation in der Deutschen National-
bibliografie; detaillierte bibliografische Daten sind im Internet über http://dnb.d-
nb.de/ abrufbar.

Impressum:

Copyright © 2012 GRIN Verlag GmbH
Druck und Bindung: Books on Demand GmbH, Norderstedt Germany
ISBN: 978-3-656-46078-7

GRIN - Your knowledge has value

Der GRIN Verlag publiziert seit 1998 wissenschaftliche Arbeiten von Studenten, Hochschullehrern und anderen Akademikern als eBook und gedrucktes Buch. Die Verlagswebsite www.grin.com ist die ideale Plattform zur Veröffentlichung von Hausarbeiten, Abschlussarbeiten, wissenschaftlichen Aufsätzen, Dissertationen und Fachbüchern.

Besuchen Sie uns im Internet:

http://www.grin.com/

http://www.facebook.com/grincom

http://www.twitter.com/grin_com

Essay

Thema:

Das Verhältnis von Medien und Politik am Beispiel der Bild Zeitung

Student: Daniel Heißenstein
Semesteranzahl: 4

Universität Trier, Fachbereich II: Medien, Kommunikation und Gesellschaft
Seminar: Medien und Politik
Dozent: Philiph Niemann

Das Verhältnis von Medien und Politik am Beispiel der BILD-Zeitung

Die Medien gelten als vierte Säule des Staates, als vierte Gewalt. Diese These von Rousseau ist nicht neu, wird aber immer wieder aktuell. Momentan trägt die BILD-Zeitung ihren Teil dazu bei, indem sie teilweise eine fragwürdige Nähe oder Feindschaften zu Politikern pflegt. Dabei sind die Systeme Medien und Politik aufeinander angewiesen. Normalerweise besteht zwischen beiden Seiten daher eine professionelle, berufliche Beziehung. Im Falle der BILD-Zeitung werden die Verbindungen teilweise informell und persönlicher. Daher ist eine Erörterung der Konsequenzen einer dergestalt geänderten Beziehung zwischen Medien und Politik erforderlich und medienwissenschaftlich relevant.

Die BILD-Zeitung steht für „Emotionen, Polarisierung, Provokation und Tabubruch" (Boenisch 2007, S.11) und auch ihr Selbstverständnis, „Emotionalisierung, Personalisierung [...], das funktioniert." (Fichtner 2011), deckt sich damit. Gleichzeitig hat Journalismus auch Funktionen und Aufgaben zu erfüllen. Er soll unter anderem Öffentlichkeit herstellen, die Bevölkerung informieren, eine Kontroll- und Kritikfunktion gegenüber der Politik ausüben und die politische Bildung der Bürger unterstützen. Bei der Berichterstattung über Politiker werden die genannten Aufgaben in der BILD-Redaktion gelegentlich vernachlässigt. So zeigt das Beispiel Karl-Theodor zu Guttenbergs eine bis dato „beispiellose Symbiose" (Reinecke 2011) zwischen einem Politiker und einem Medium. Von Objektivität kann bei Überschriften wie „Wir fanden die GUTT" (BILD 2010), „Kanzler der Reserve" (Blome/Thewalt 2010) oder „Gut – Guttenberg bleibt" (BILD 2011) nicht die Rede sein. In einer Sonderausgabe wurde er gar in Top-Gun-Pose dargestellt, was für einen Politiker mehr als unüblich ist. Von der Häufigkeit der Berichterstattung ganz zu schweigen, wurde der Freiherr im Jahr 2010 in jeder vierten Ausgabe erwähnt. Diese Verbindung ist als Tauschhandel zu betrachten: Guttenberg bekommt positive PR und viel mediale Präsenz, BILD im Tausch dafür Exklusivität, Home Stories und Zugang zu Informationen. Das ist für beide Seiten eine „Win-win-Situation" (Spreng 2011), Guttenberg als eine Art BILD-Freund. Neutralität und ausgewogene Berichterstattung sucht man hier vergebens. Grenzwertig wurde die Kooperation spätestens mit der Ankündigung des damaligen Verteidigungsministers Guttenberg, Anzeigen für die Bundeswehr in der BILD-Zeitung zu schalten. Mit dieser Art von Vetternwirtschaft bewegen sich die beiden Parteien nahe der Kriminalität oder zumindest in einer rechtlich bedenklichen Zone. Der Höhepunkt der Unterstützung durch das Springer-Blatt fand während der Plagiatsaffäre statt. Innerhalb einer Woche waren vier Titelseiten dem Freiherren gewidmet und hatten durchweg einen positiven Tenor. Zusätzlich hatte eine Umfrage zum Thema Guttenberg ein zu negatives Ergebnis und wurde zu seinen Gunsten manipuliert. Spätestens hier hat die BILD-Redaktion sämtliche journalistische Prinzipien über Bord geworfen um Guttenberg zu schützen. Das ist insofern bedenklich, da die BILD-Zeitung ihre Leser täuschte, um ein besseres Bild von Guttenberg zeichnen zu können. Dabei sollte doch die korrekte und wahrhaftige Berichterstattung die Maxime eines journalistischen Mediums bleiben. Auch bei anderen Politikern fühlte sich das Blatt nicht immer der Wahrheit verpflichtet. 2001 veröffentlichte die BILD-Zeitung eine Aufnahme von Jürgen Trittin, versehen mit schweren Vorwürfen. Wie sich herausstellte, waren die Anschuldigungen falsch und das Foto manipuliert. Anstatt auf einer „Gewalt-Demo" (BILD 2001) mit „vermummten Radikalen" (ebd.) war er auf einer friedlichen Demonstration. Trittin gehört zum Typus der BILD-Feinde. Der Grundtenor von Artikeln über ihn ist meist negativ, überspitzt und manchmal auch frei erfunden. Falsche Berichterstattung und Manipulation scheinen hier zum Tagesgeschäft der BILD zu gehören. Diese Kategorie sollte es eigentlich nicht geben, widerspricht sie doch klar der Wahrheitspflicht und Objektivität. Der dritte Politikertypus ist der BILD-Neutrale. Typische Beispiele dafür sind Thomas de Maizière oder Hannelore Kraft. BILD verzichtet bei ihnen weitestgehend auf private Berichterstattung und thematisiert eher ihre Arbeit. Die Artikel sind neutral und selten reißerisch, so wie Politikberichterstattung eigentlich sein sollte. Dann gibt es noch den Typus des BILD-Aufzugfahrers. Ein geeignetes Beispiel dafür ist Ex-Bundespräsident Christian Wulff. Jahrelang hat die BILD durchweg positiv über ihn berichtet. Selbst als er Ehefrau und Kind für eine andere Frau verließ, bewertete das Blatt die Entscheidung als „besonnen" (Meier/Kade/Steinmann 2012). Im Austausch für die gute Berichterstattung lieferte Wulff zuverlässig Inhalte, unter Anderem zwei Homestorys. Das funktionierte so lange gut, bis sich BILD entschied, dass das Aufarbeiten von Wulffs Fehlern profitabler sein könnte, als der Zugang zu ihm. Daraufhin veröffentlichte das Blatt Recherchen zu Wulffs Privatkrediten und löste so die Wulff-Affäre und letztlich seinen Sturz aus. Eine „mediale Hinrichtung" (Drühe 2011) um die Auflage zu steigern, die sogar mit dem Henri-Nannen-Preis in der Kategorie „Beste investigative Leistung des Jahres" ausgezeichnet wurde. Wulffs Nähe zu BILD wurde ihm zum Verhängnis. Der Vorstandsvorsitzende der Axel-Springer AG Matthias Döpfner hat dazu gesagt: „Wer mit der Bild-Zeitung im Aufzug nach oben fährt, der fährt auch mit ihr im Aufzug nach unten." (Mayntz 2012), was so viel heißt wie: Wen wir hochschreiben, den können wir auch ganz schnell wieder abservieren. Die Ehrlichkeit der BILD in Ehren, aber ihr Verhalten verstößt gleich mehrfach gegen den Pressekodex und gegen jegliche journalistische Prinzipien. Politikberichterstattung wird so zur Farce degradiert.

Die BILD-Zeitung unterscheidet in ihrer Berichterstattung vier grundlegende Kategorien von Politikern: Die BILD-Freunde, Feinde, Neutrale und Aufzugfahrer. Je nach Kooperationsbereitschaft und Skandalpotential des Politikers fällt der Tenor der Artikel anders aus. Das ist für mich kein Journalismus mehr, das ist Betrug am Leser. Es sollte eigentlich nur eine einzige Kategorie geben, über die mit dem gleichen Augenmaß berichtet wird: Politiker. Die Gier nach Auflage schlägt bei BILD Ethik und Verantwortung. Könnte Rousseau die Entartung der vierten Gewalt heute sehen, würde er sich wohl im Grab umdrehen.

Literaturverzeichnis

Beck, F.: Das Guttenberg Dossier. Zeitgeist Print&Online, Ingelheim am Rhein 2011

Boenisch, V.: Strategie: Stimmungsmache. Wie man Kampagnenjournalismus definiert, analysiert - und wie ihn die Bild-Zeitung betreibt. Herbert von Halem Verlag, Köln 2007

Löffler, M.: Der Verfassungsauftrag der Presse. In: Wilke, J.(Hrsg.): Pressefreiheit. C.F. Müller Verlag, Darmstadt, 1984, S. 343-356

Lünenborg, M.: Politik auf dem Boulevard. Transcript Verlag, Bielefeld 2009

Internetquellen:

Berger, J.: Die Pro-Guttenberg-Kampagne im Zwielicht. In: spiegelfechter.com. Stand: 23.02.2011. URL: http://www.spiegelfechter.com/wordpress/5142/die-pro-guttenberg-kampagne-im-zwielicht (letzter Abruf: 14.02.2012)

Blome, N./Thewalt A.: In welches Amt stürmt Guttenberg 2011?. In: bild.de. Stand: 14.10.2010. URL: www.bild.de/politik/2010/politik/in-welches-amt-stuermt-er-2011-14295868.bild.html (letzter Abruf: 14.02.2012)

Drühe, W.: Kann Christian Wulff noch eine Neujahrsansprache halten?. In: neandertaler-kurier.blog.de. Stand: 17.12.2011. URL: http://neandertal-kurier.blog.de/2011/12/17/christian-wulff-neujahrsansprache-halten-12319096/ (letzter Abruf: 10.10.2012)

Fichtner, U.: Zwischen allen Stühlen. In: spiegel.de. Stand: 28.02.2011. URL: http://www.spiegel.de/spiegel/print/d-77222663.html (letzter Abruf: 14.02.2012)

Focus: „Bild"-Zeitung für Wulff-Bericht geehrt. In: focus.de. Stand: 11.05.2012 URL: http://www.focus.de/kultur/medien/henri-nannen-preis-an-autoren-des-boulevardblatts-bild-fuer-wulff-bericht-geehrt_aid_751577.html (letzter Abruf: 10.10.2012)

Fürstenau, M.: Strategische Allianz: Guttenberg und "Bild". In: dw.de. Stand: 25.02.2011. URL: http://www.dw.de/dw/article/0,,14871757,00.html (letzter Abruf: 14.02.2012)

Hemmelmann, P.: Der Liebling der Medien. In: taz.de. Stand: 25.02.2011. URL: http://www.taz.de/!66448/ (letzter Abruf: 10.10.2012)

Jakat, L.: Bild, Guttenberg und die Plagiatsaffäre - Schön: Meinungsvielfalt bei Bild. In: sueddeutsche.de. Stand: 24.02.2011. URL: http://www.sueddeutsche.de/medien/bild-guttenberg-und-die-plagiatsaffaere-schoen-meinungsvielfalt-bei-bild-1.1064425 (letzter Abruf: 14.02.2012)

Mayntz, G.: Der Präsident fährt abwärts. In: rp-online.de. Stand: 02.01.2012. URL: http://www.rp-online.de/politik/deutschland/bundespraesident/der-praesident-faehrt-abwaerts-1.2659552 (letzter Abruf: 10.10.2012)

Meier, L./ Kade, C./ Steinmann, T.: Ein Liebesentzug von „Bild" trifft schwer. In: ftd.de. Stand: 03.01.2012. URL: http://www.ftd.de/politik/deutschland/:verhaeltnis-zur-boulevardzeitung-ein-liebesentzug-von-bild-trifft-schwer/60148884.html (letzter Abruf: 10.10.2012)

Presserat: Pressekodex. In: presserat.info. Stand: 10.10.2012 URL: http://www.presserat.info/inhalt/der-pressekodex/pressekodex.html (letzter Abruf: 10.10.2012)

Reichelt, J.: Minister Guttenberg trainiert für seinen 1. Eurofighter-Flug. In: bild.de. Stand: 28.08.2010. URL: http://www.bild.de/digital/3d-special/minister/trainiert-fuer-ersten-eurofighter-flug-13775462.bild.html (letzter Abruf: 14.02.2012)

Reinecke, S.: Raubbau an der Demokratie. In: taz.de. Stand: 14.02.2011. URL: www.taz.de/!66472/ (letzter Abruf: 14.02.2012)

Spreng, M.: Warum liebt die "Bild"-Zeitung Guttenberg so sehr?. In: dradio.de. Stand: 24.02.2011. URL: http://www.dradio.de/dkultur/sendungen/thema/1396222/ (letzter Abruf: 14.02.2012)

Wiegand, R.: Wulff drohte „Bild"-Journalisten mit Strafanzeige. In: sueddeutsche.de. Stand: 02.01.2012. URL: http://www.sueddeutsche.de/politik/bundespraesident-in-not-wulff-drohte-mit-strafanzeige-gegen-bild-journalisten-1.1248384-2 (letzter Abruf: 10.10.2012)

Zeitungen:

BILD (15.12.2010). Wir finden die GUTT! Nörgler, Neider, Niederschreiber: Einfach mal die Klappe halten!. BILD, S.1

BILD (19.02.2011). Gut! Guttenberg bleibt. BILD, S.1

BILD (29.01.2001). Was machte Minister Trittin auf dieser Gewalt-Demo?. BILD, S.3